D1573757

Almbach

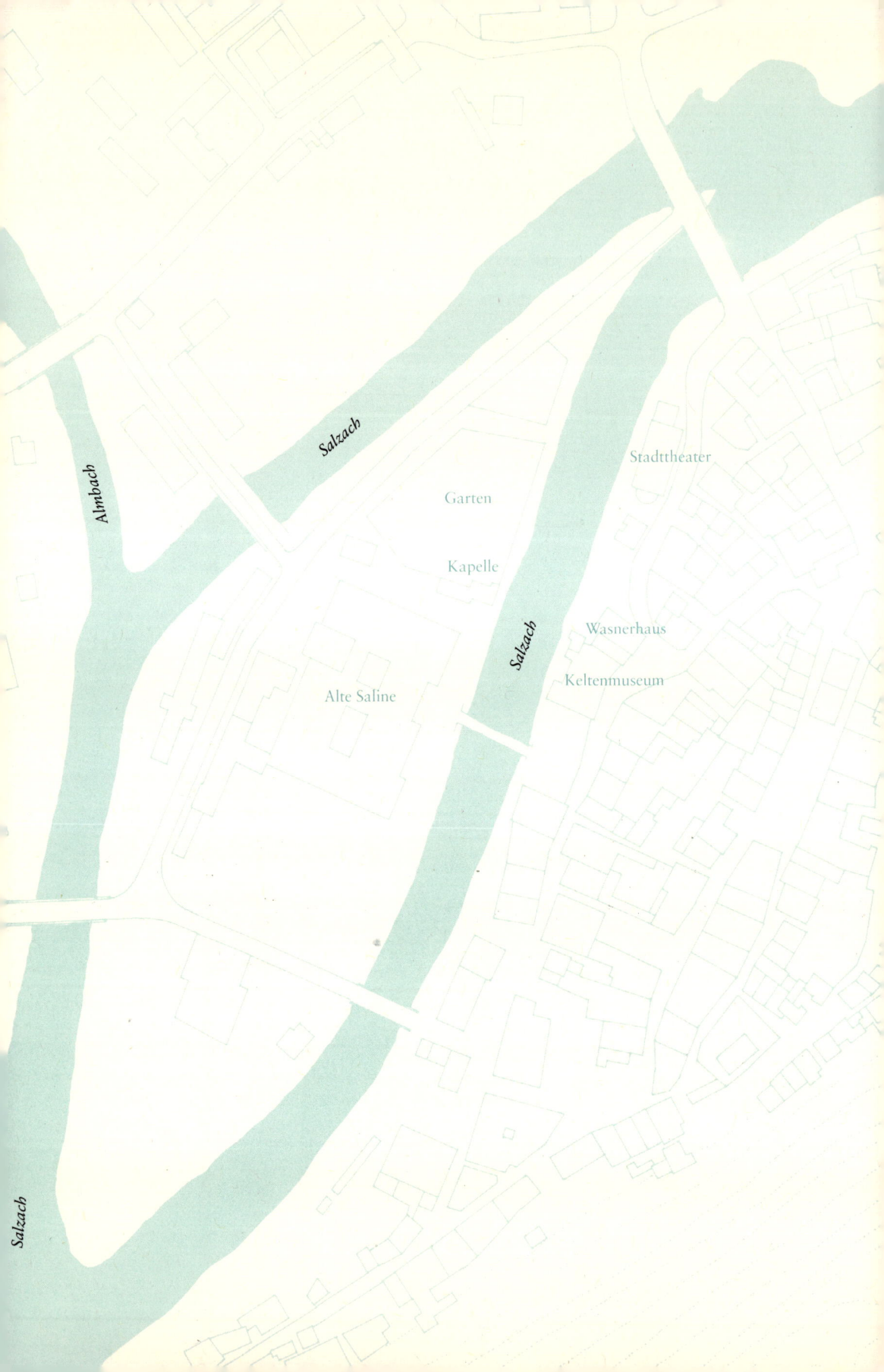

Salzach

Salzach

Salzach

Garten

Kapelle

Alte Saline

Stadttheater

Wasnerhaus

Keltenmuseum

Architekturklasse Heinz Tesar
Internationale Sommerakademie
für Bildende Kunst Salzburg

Stadt am Fluß

Texte von Heinz Tesar
Barbara Wally
und Johannes Rössler

Verlag Anton Pustet, Salzburg

Barbara Wally

Seit der Gründung der Internationalen Sommerakademie für Bildende Kunst in Salzburg im Jahre 1953 finden alljährlich im Rahmen des breitgefächerten Lehrprogrammes Klassen für Architektur statt. In 44 Sommern haben bisher über tausend Architekturstudenten und Architekten aus aller Welt unter der Leitung renommierter Architekten ein vier- bis fünfwöchiges Lehrprogramm absolviert.
Die Leiter der Architekturklassen haben zumeist Themen vorgegeben, die auf die Gegebenheiten des Ortes Bezug nahmen. Die Spannweite reichte dabei von utopischen konzeptuellen Entwürfen, die den geologischen Urzustand der Landschaft Salzburgs als Ausgangspunkt annahmen, bis zu konkreten Planungsaufgaben im Bereich der Stadt Salzburg und ihrer Umgebung.
Die besondere landschaftliche Lage der Stadt und ihre historisch gewachsene architektonische Schönheit erwiesen sich dabei als einerseits inspirierend, aber auch als Widerstand gegen die Imagination und Phantasie der Teilnehmer.
Die Klasse Architektur fand bis 1994 stets in der Stadt Salzburg statt. 1995 wurde ein neuer Standort gefunden, und zwar die ehemalige Saline auf der Pernerinsel im Zentrum der Stadt Hallein, die 15 Kilometer südlich der Stadt Salzburg an der Salzach gelegen ist. Aus Raumnot, aber auch weil dieser Standort neben der Festung Hohensalzburg als besonders geeignet für die Zwecke der Sommerakademie erschien, wurden im ehemaligen Salinengebäude insgesamt acht Klassen untergebracht.
Als Leiter der Architekturklasse wurde Heinz Tesar eingeladen, der für diese Aufgabe prädestiniert erschien, weil er in den Jahren zuvor zwei am altstadtseitigen Salzachufer gelegene Gebäude (Stadttheater/Stadtkino und Keltenmuseum) adaptiert hatte und auch mit Vorplanungen für die Nutzung der Pernerinsel beauftragt worden war.
Im Jahre 1989 hatte sich die Stadt Hallein mit ihren 20.000 Einwohnern plötzlich mit der Schließung der staatlichen Saline konfrontiert gesehen. Das Ende der Salzindustrie bedeutete für Hallein einen markanten historischen Einschnitt. Eine über zweitausendjährige Kultur wurde beendet, denn seit der Keltenzeit war am Dürrnberg Salz gewonnen und in den letzten Jahrhunderten in der Saline auf der Pernerinsel verarbeitet worden. Der Reichtum dieser Gegend war seit der Keltenkultur bis ins 19. Jahrhundert dem Salz und der damit verbundenen Infrastruktur – dem Handel, der Holzgewinnung, der Salzachschiffahrt – zu verdanken. 1989 gingen nicht nur zahlreiche Arbeitsplätze verloren, die Stadt geriet auch in

Barbara Wally

eine Identitätskrise und entdeckte plötzlich die Insel mitten in der Stadt, die bis dahin kaum wahrgenommen worden war, weil sie eben seit Menschengedenken von der Salzindustrie okkupiert gewesen war. Der damalige Bürgermeister der Stadt Hallein, Franz Kurz, entschloß sich in dieser Umbruchsituation zu einem mutigen Schritt. Der Verlust der industriellen Kultur sollte durch intensives Engagement in die Ansiedlung moderner technologischer Betriebe und durch Investitionen in kulturelle Einrichtungen und ein lebendiges Kulturleben kompensiert werden. Im Zuge dieser Umstrukturierung wurde Heinz Tesar mit der Gestaltung der beiden zentralen Kulturbauten beauftragt, und es entstand eine Diskussion um die Zukunft der Pernerinsel. Wollte man zunächst die Nord-Süd-Hauptverkehrsverbindung über die Insel legen, um das Stadtzentrum vom Verkehr zu entlasten, so wuchs im Laufe der letzten Jahre das Bewußtsein für die Kostbarkeit einer Insel im Stadtzentrum. Viele Städte liegen an Flüssen, aber welche Stadt hat schon eine Insel? Und dazu eine Insel, die nicht endgültig verbaut ist, wo noch planerische Eingriffs- und Umwidmungsmöglichkeiten bestehen. Zunächst wurde – auch aus finanziellen Gründen, denn Hallein leidet wie soviele andere Kommunen in Europa unter akuter Geldnot – eine Denkpause eingelegt. Zwischenzeitlich werden die Salinengebäude von den Salzburger Festspielen, dem »Zeitfluß« und eben von der Internationalen Sommerakademie für Bildende Kunst genutzt. Dies war also die Ausgangslage, mit der sich die 20 Studierenden der Klasse Architektur (aus der Europäischen Union, der Schweiz, aus Japan, Sibirien, Tschechien und der Slowakei) konfrontiert sahen. Ihre Aufgabe war es, sich mit der Topographie, der Geschichte und der geschützten Bausubstanz auf der Pernerinsel vertraut zu machen, und davon ausgehend Projekte für die Insel und die angrenzenden Salzachufer zu entwickeln. Ich danke Heinz Tesar und seinem Mitarbeiter Johannes Rössler für die engagierte und erfolgreiche Leitung der Klasse und für die Betreuung der vorliegenden Publikation.

Heinz Tesar

Die Stadt am Fluß ist Stadt der Gegenwart. Sie lagert sich in Teilchen, in Ausnahmefällen in Stadtteilen ab. Sie ist mehr als die Summe ihrer Partikel, Teile und Fermente. Niemals beschränkt allein auf ihre Sichtbarkeit und konkrete Volumetrie und Räumlichkeit, ist sie immer als Tagtraum präsent. Die Stadt am Fluß ist eine Stadt in Fluß. Das war das Thema der Klasse.
Zu Beginn der Arbeit wurden von den Studenten hypothetische Bauten am Wasser und deren Sinn und Zweck mit Bezug auf den spezifischen Ort definiert. So war es möglich, sowohl vor Ort für Hallein, als auch für eine lang vertraute andere Stadt, Projekte zu entwerfen.
Das Thema sollte zwischen idealtypischen Interpretationen und konkreten Bezügen ausbalanciert werden. Die Besonderheit der Pernerinsel, die Präsenz des Ortes, und auch zwei Bauten von mir (Stadttheater Hallein, Keltenmuseum erster Bauabschnitt) machten einen fruchtbaren Dialog möglich und erleichterten, über das Wort hinaus zu wirken.
Entwürfe außerhalb Halleins (u. a. Berlin, Offenbach) boten Gelegenheit, aus der Distanz heraus zu agieren, ebenso wie esoterische Projekte beitragen konnten, die Last des Faktischen zu überwinden.
Grundsätzlich sollten Entwurfsprozesse vor dem spezifischen Erfahrungshintergrund des einzelnen eingeübt werden, im Spannungsfeld von Ort, Stadt, Topos und Programm. Architektur wird hierbei definiert als ein in sich ruhendes Behältnis von Luft, Licht, Körper, Materie und Raum. Dabei sind Deutlichkeit, Balance, Lichteintritt, Raumenergie, Distanz und Nähe, Maß, Schichtung, Richtung, Proportion und Stimmigkeit in sich, sowie die Gegenwart des Suchens selbst, die wesentlichen architektonischen Begriffe.
Ich denke, daß Architektur vor der Architektur beginnt.
Die Stadt am Fluß ist Gegenwart, den Vergangenheiten und konzeptiv der Zukunft verpflichtet, ihre Wurzeln findet sie in den Versuchen zur Überwindung des Unmöglichen.

Hallein
Stadttheater an der Salzach

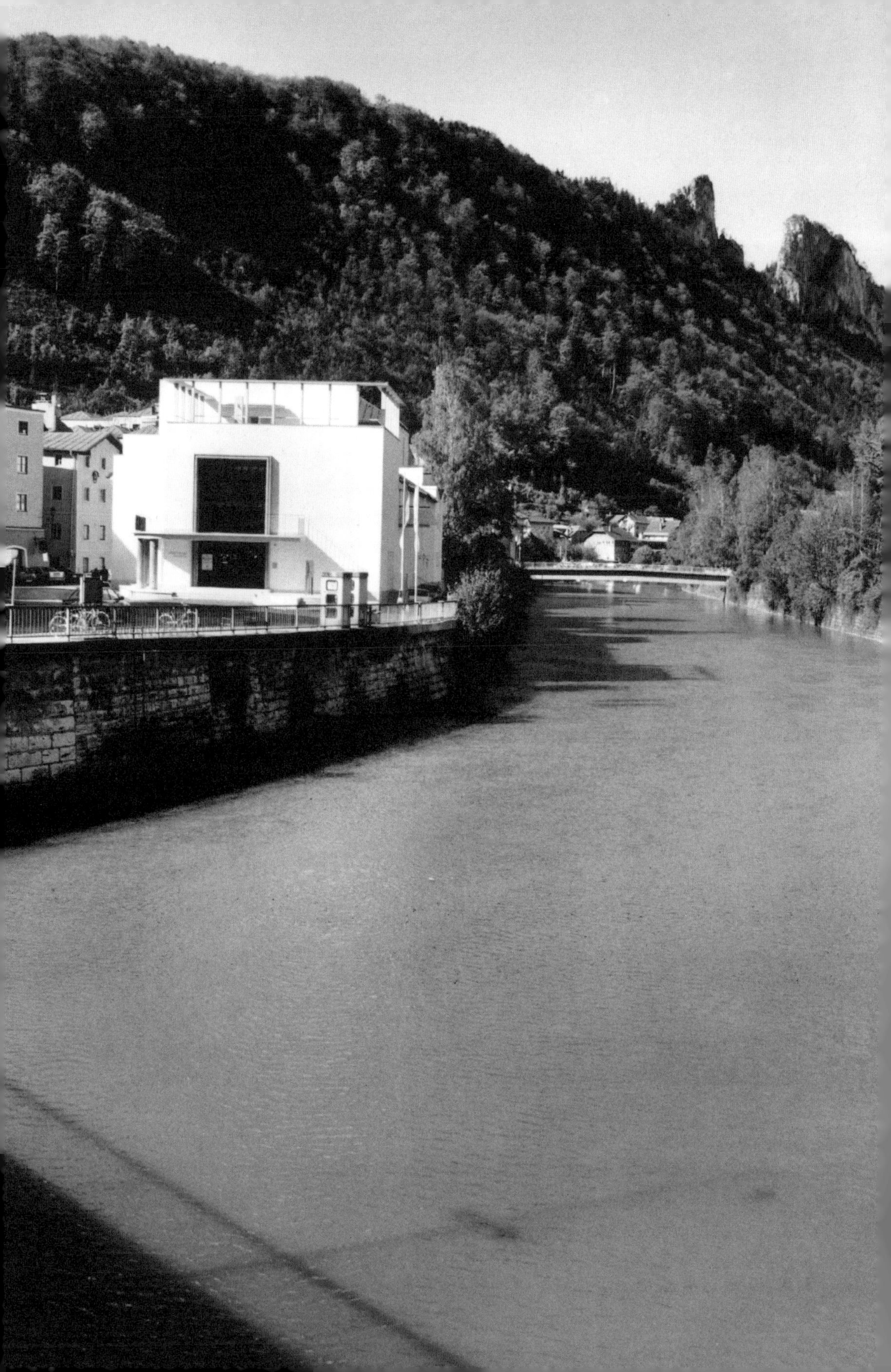

10/11	Ganzjährige Sommerakademie	Christine Kobs	Deutschland
12/13	Salzforschungsinstitut	Thomas Gebert	Schweiz
14/15	Magic Garden	Radka Exnerová	Tschechien
16/17	Musikalische Werkstätten	Susanne Veit	Deutschland
18/19	Die Insel als sehendes Auge	Junji Ishii	Japan
20/21	Kurkultur	Rita Hengefeld	Deutschland
22/23	Drei Inselgebäude	Christian Motz	Deutschland
24/25	Freilichttheater	Viktor Drzeniek	Deutschland
26/27	Uferhäuser	Federico Fedel	Italien
28/29	Bücherspeicher	Olaf Kuepper	Deutschland
30/31	Alpenaquarium	Michael Flache	Deutschland
32/33	Inselbibliothek	Urs Geiger	Schweiz
34/35	Bootsstation in der Salzachklamm	Christoph Schiener	Österreich
36/37	Brückenhaus	Valery Kozlov, Wadim Schachov	Rußland
38/39	Gebäudezug	Svenja Fleckenstein	Deutschland
40/41	Hafenkino	Alexandra Holesch	Deutschland
42/43	Kirche am Gletschersee	Bernhard Angehrn	Schweiz
44/45	Marktbibliothek in Berlin	Phillip Dittrich	Deutschland

Hallein und Salzach, Archivbild

Christine Kobs Deutschland

Ganzjährige Sommerakademie

An die seit Jahrzehnten fragmentierte Saline lagern sich kleine, längliche Baukörper an und bilden einen Platz. An der Brandwand der Sudhalle entsteht ein scheibenförmiges Glashaus, zugleich als Café und Ausstellungsraum nutzbar.

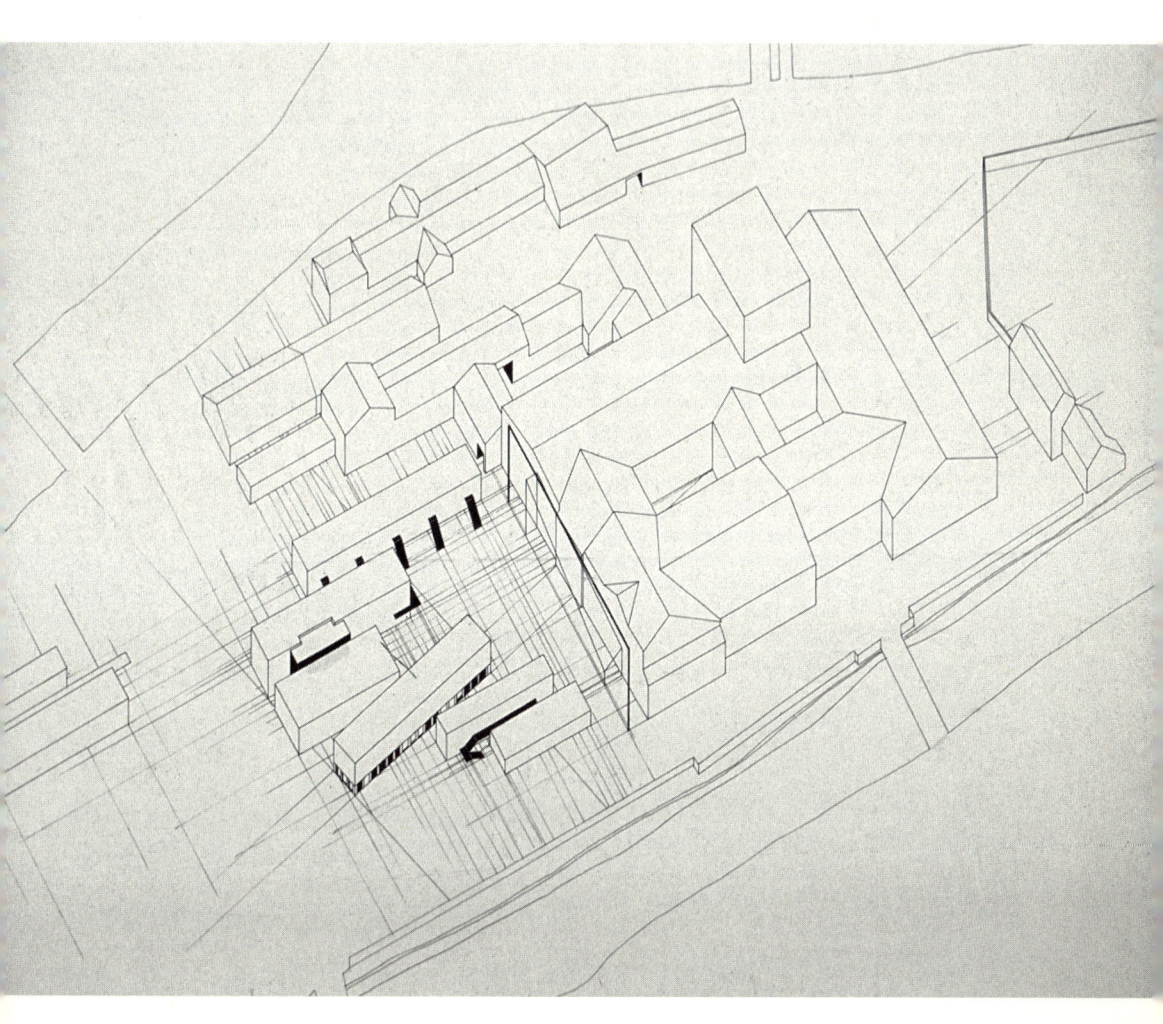

Salzforschungsinstitut

Dieser Entwurf thematisiert den Salzbergbau und seine Beziehung zum Wasser. Skizzen des Inselgefüges verdichten sich schließlich zu einem Einzelgebäude. Die Durchdringung der großen Innenräume und das blockhafte Äußere sind die spezifischen Qualitäten des minimalistischen Entwurfs.

Thomas Gebert Schweiz

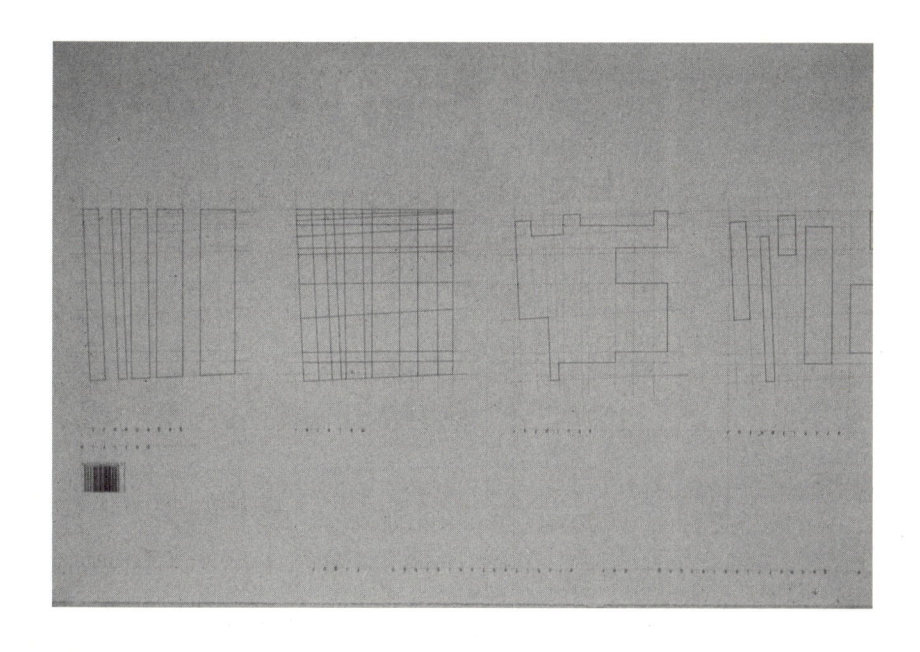

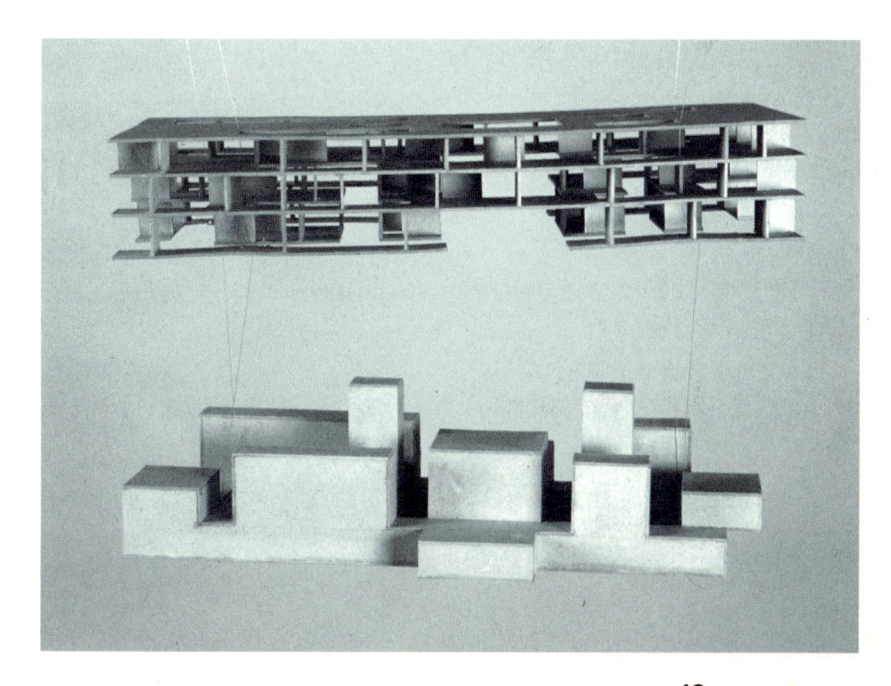

Heinz Tesar

Radka Exnerová Tschechien

Magic Garden

Ein Barockgarten und Uferwege, eine Kapelle und ein altes Haus knüpfen ein Netz von Beziehungen über die Insel. Durch einen U-förmigen Baukörper für kulturelle Nutzung entstehen schmale Zwischenräume, die Richtung und Proportion der Insel erfahrbar machen.

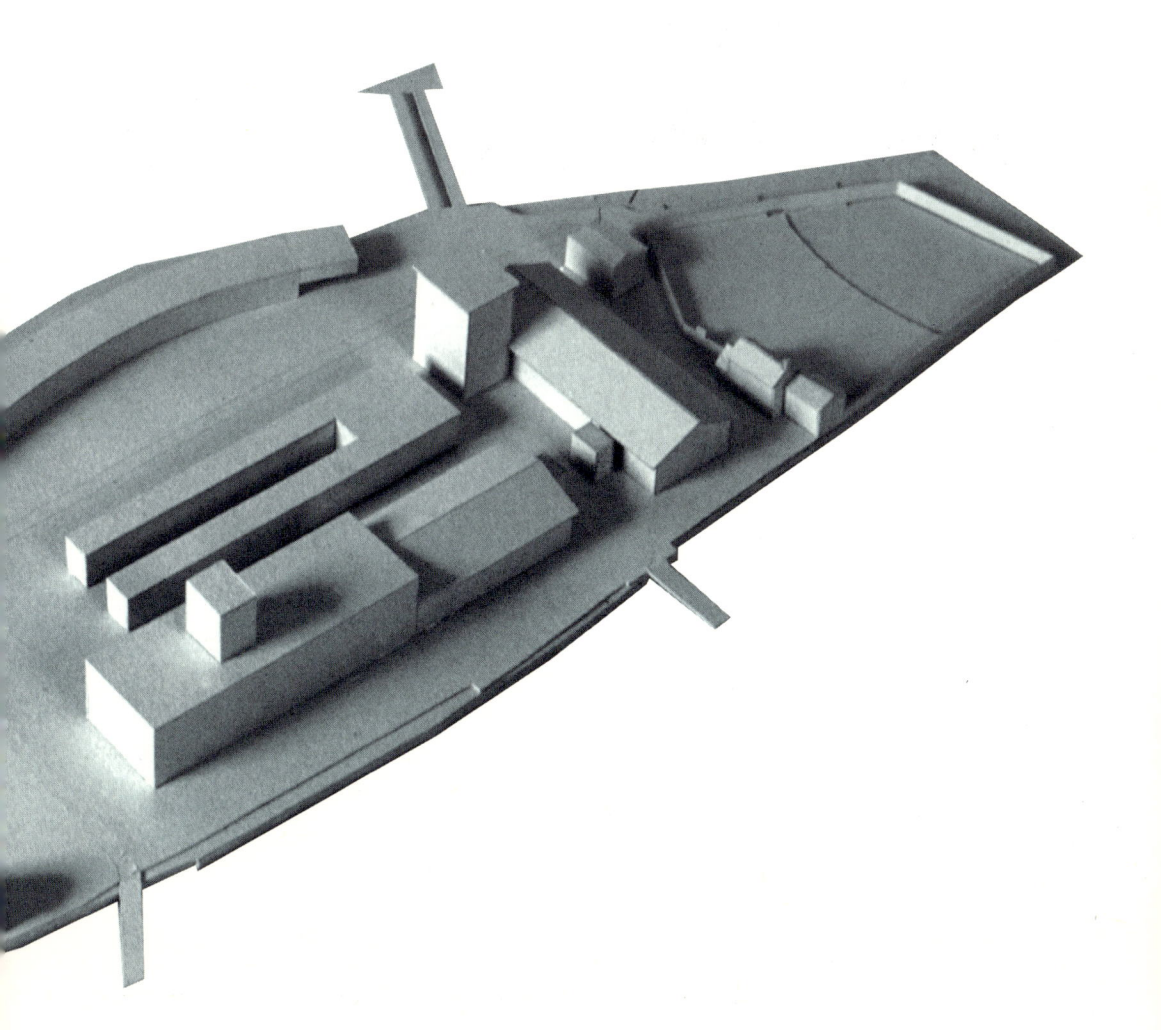

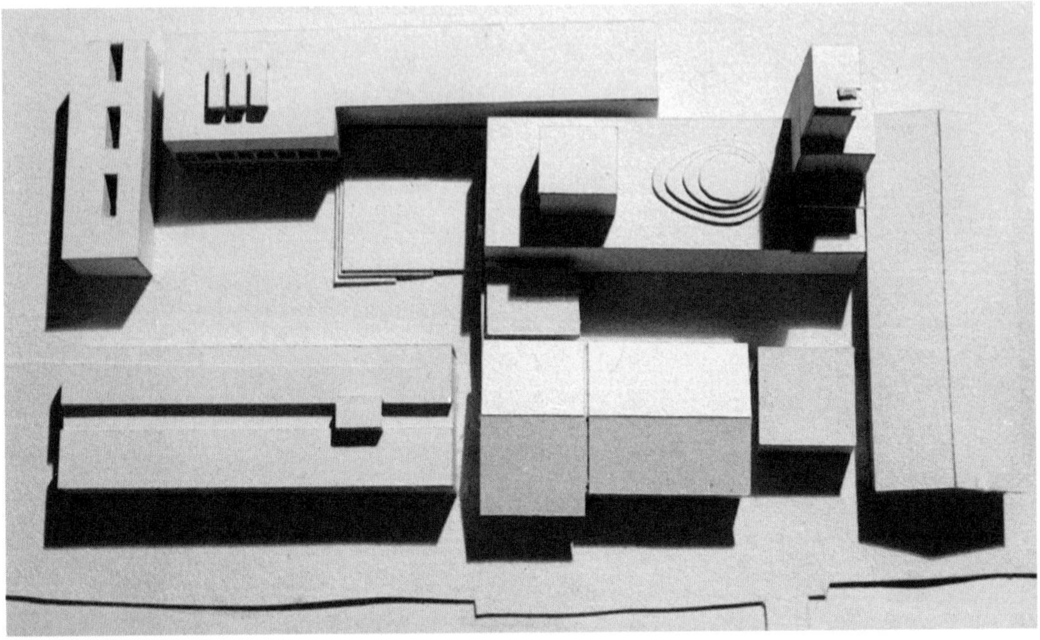

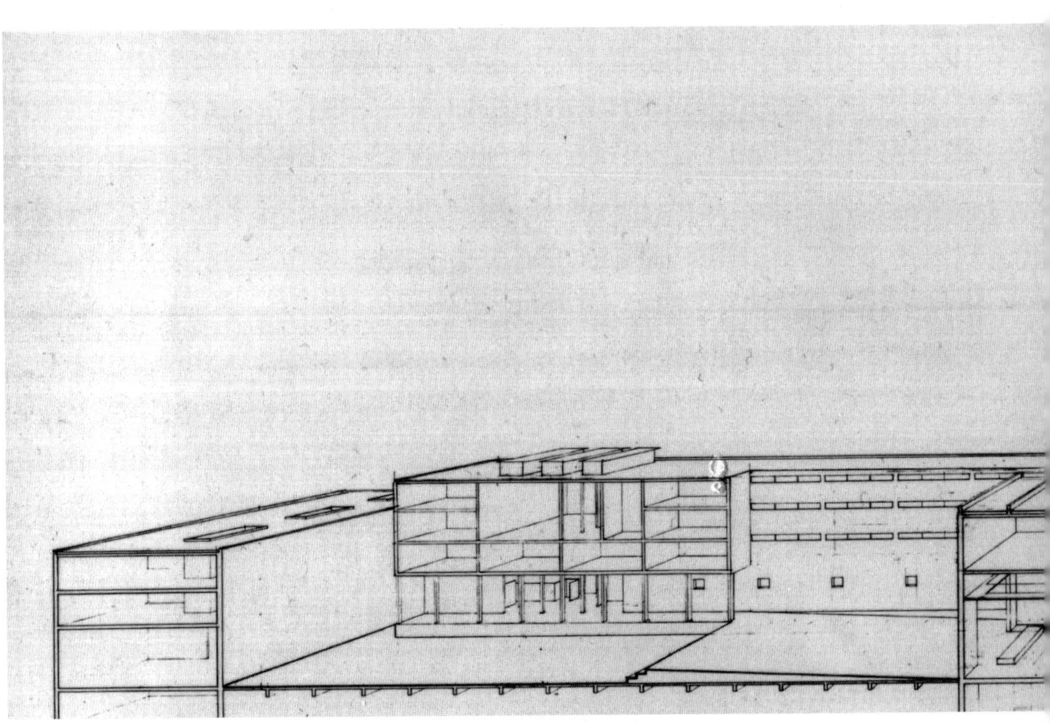

Susanne Veit Deutschland

Musikalische Werkstätten

Inseln befreien und begrenzen zugleich. Das findet in einem Hofgebäude seinen Ausdruck: Im Spannungsfeld von Bestand und neuen Gebäudegruppen entstehen räumliche und inhaltliche Durchdringungen.

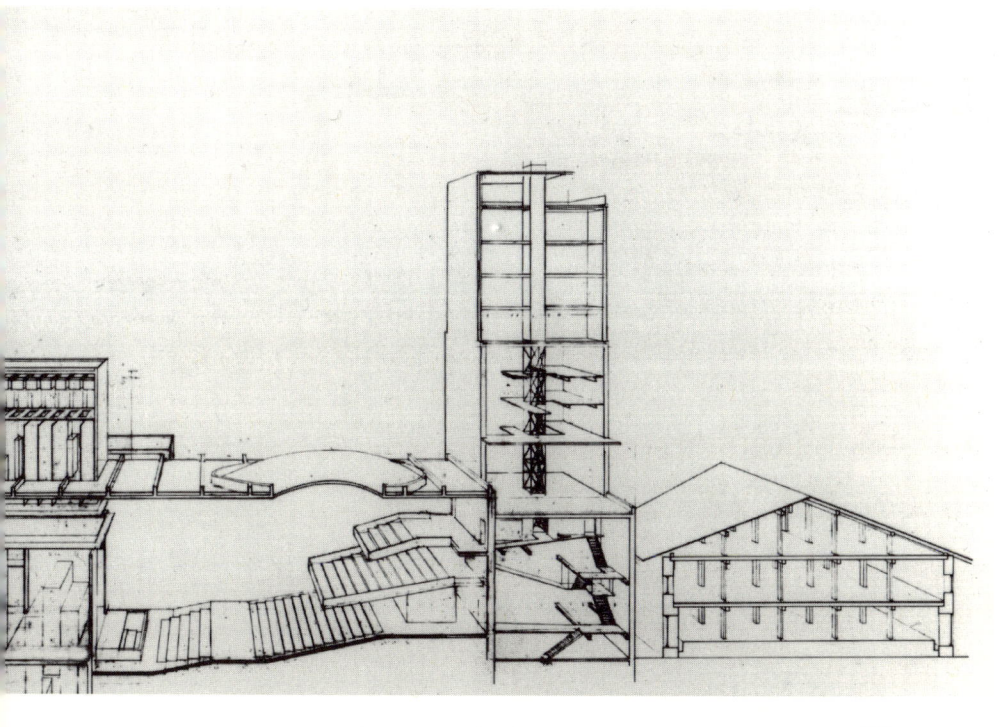

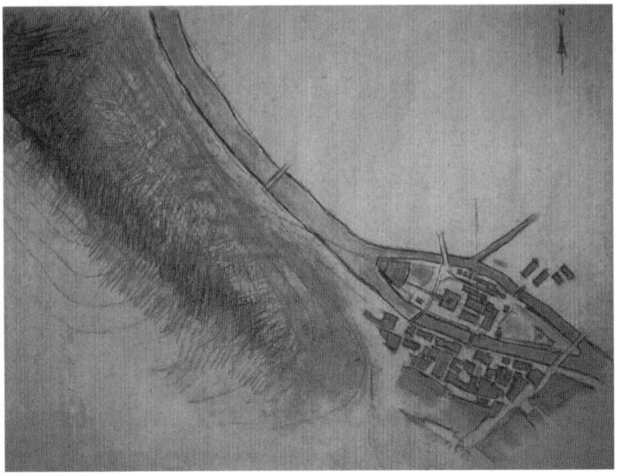

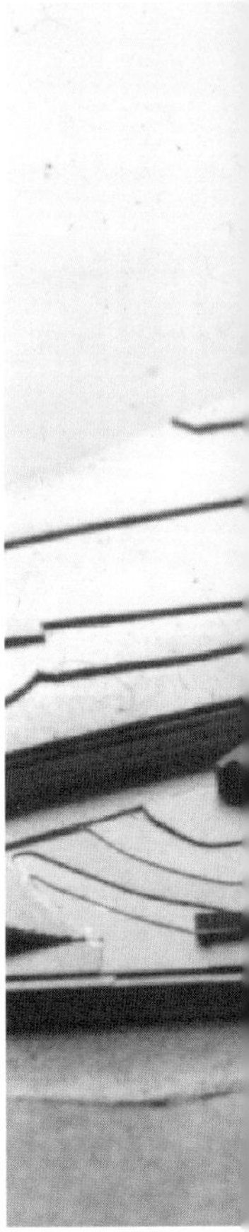

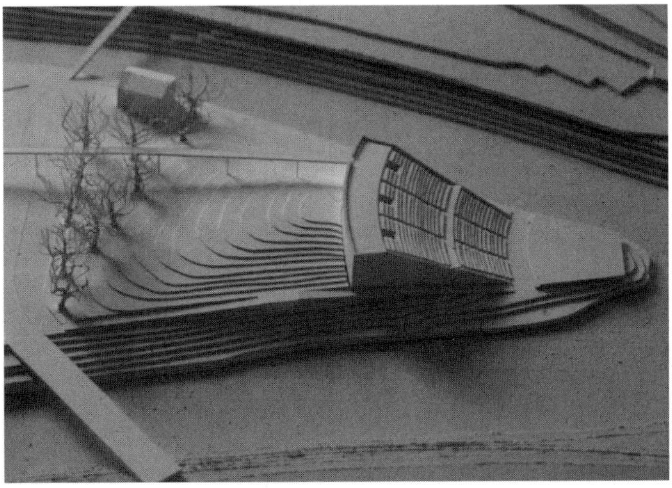

Junji Ishii Japan

Die Insel als sehendes Auge

Der Verfasser sieht die Pernerinsel als Ort der Muße und der Reflexion. Die künstlich gestaltete Insel ist eine Metapher für die natürliche Flußlandschaft. Licht und Spiegelung sind die wesentlichen Merkmale des Entwurfs.

Raum der Architekturklasse
in der alten Saline

Rita Hengefeld **Deutschland**

Kurkultur

Die heilende Wirkung der Solequellen vom nahegelegenen Dürrnberg ist der Ausgangspunkt der Arbeit.
Ein Kurgarten auf der Pernerinsel inmitten der Salzach mit Bädern, Hotel und Theatersaal hebt die Qualitäten des Ortes ins Objekt.

Salzhalde in der alten Saline

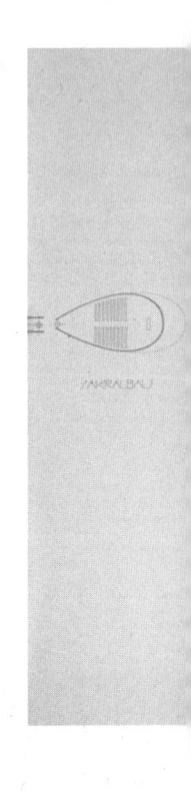

Christian Motz Deutschland

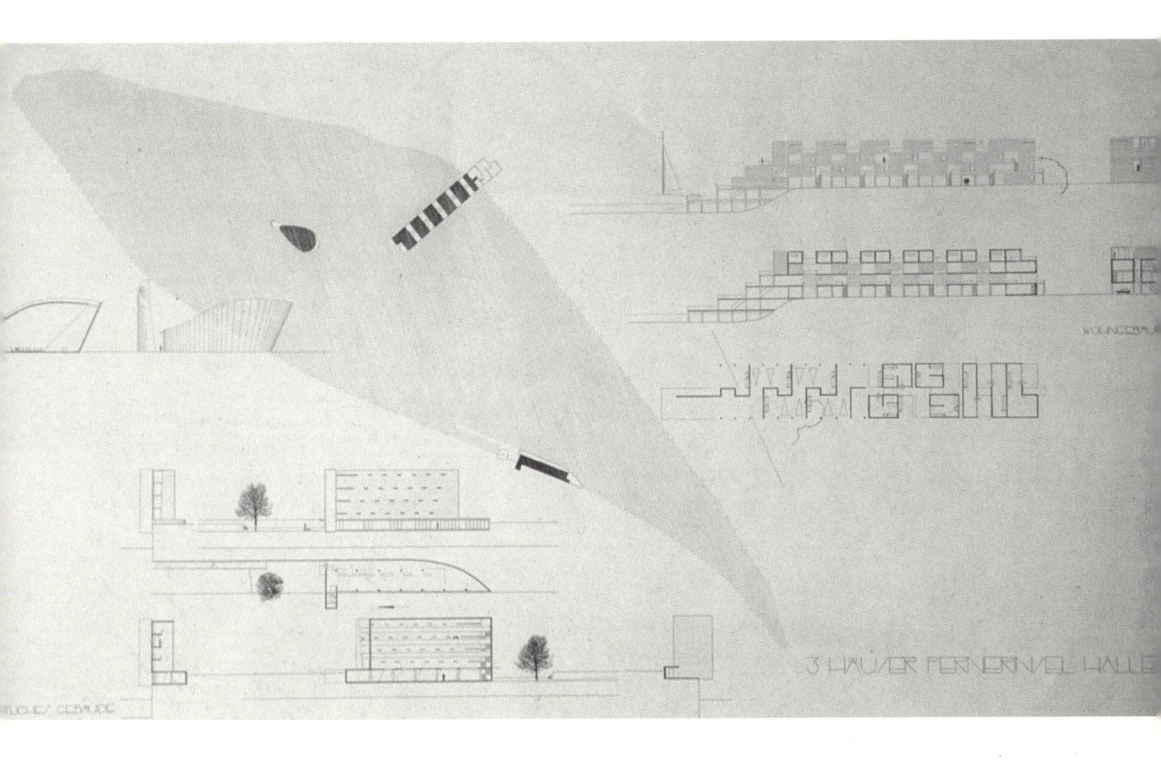

Drei Inselgebäude

Das Projekt sieht die Insel als kleine Welt unterschiedlicher Gebäude und interpretiert diese in Fallstudien.

Stadtkulisse Hallein

Viktor Drzeniek Deutschland

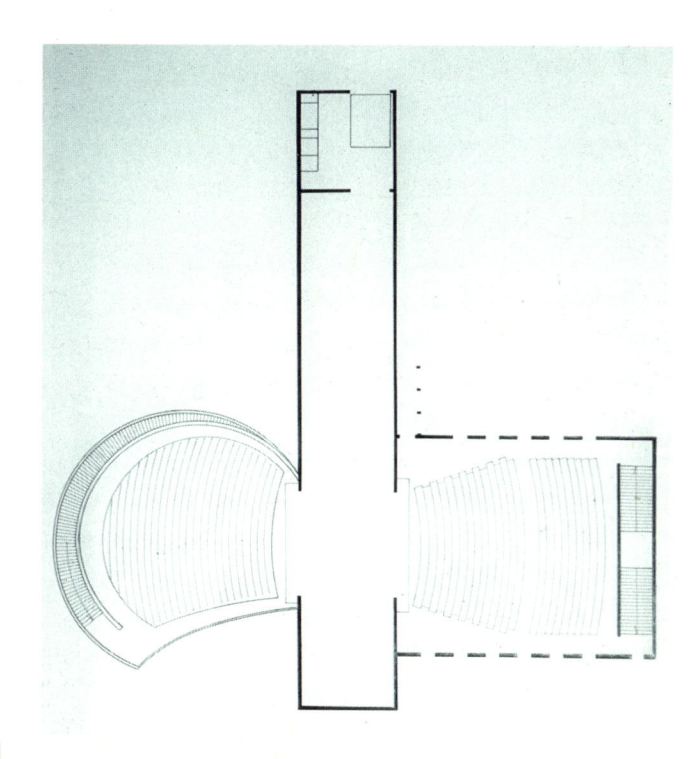

Freilichttheater

Dieser Anbau an die alte Saline – Bühnenhaus und Eingang mit Auditoriumsdach – ist leicht wie ein Möbel konzipiert. Der Entwerfer geht den Weg vom Design zur Architektur.

Am Ende eines langen Arbeitstages

Federico Fedel Italien

Uferhäuser

Das Projekt setzt sich mit dem Thema Uferbebauung auseinander.
Wohnhäuser säumen das nördliche Ufer der Insel, ein rautenförmiger Vorhof schützt vor der Straße.

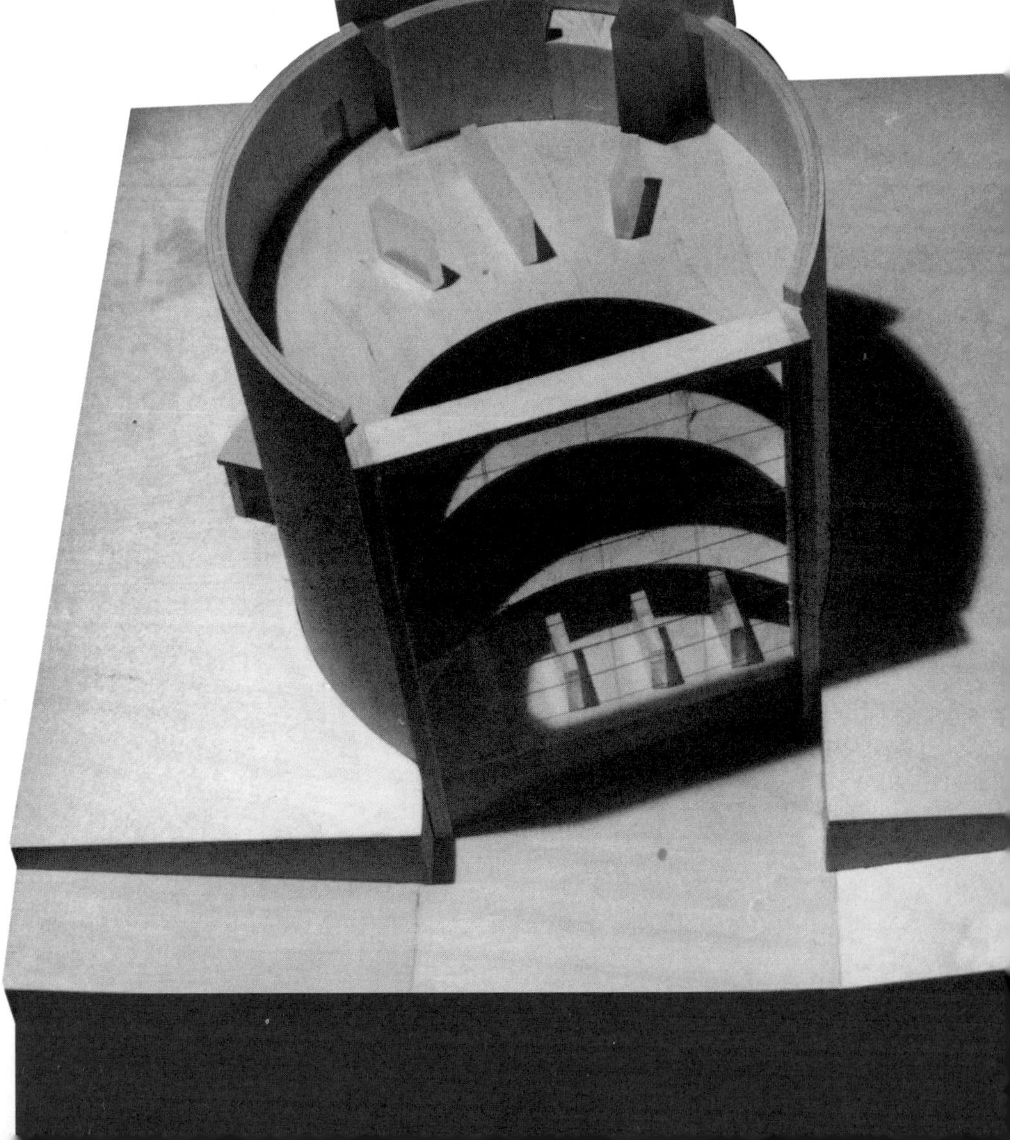

Olaf Kuepper Deutschland

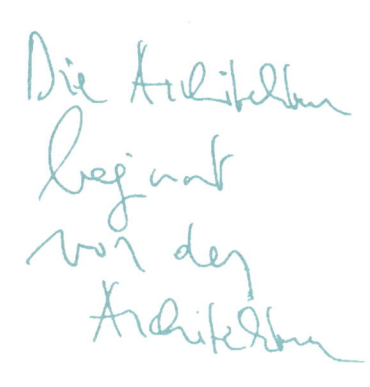

Die Architektur beginnt vor der Architektur

Bücherspeicher

Zwischen Stadttheater und Keltenmuseum, anstelle eines Wohnhauses, wird ein zylindrischer Baukörper als Bibliothek an der Salzach situiert. Die Auseinandersetzung mit der tangierenden Uferpromenade ist wesentlicher Teil des Entwurfs.

29

ALPENAQUARIUM · HALLEIN

Michael Flache Deutschland

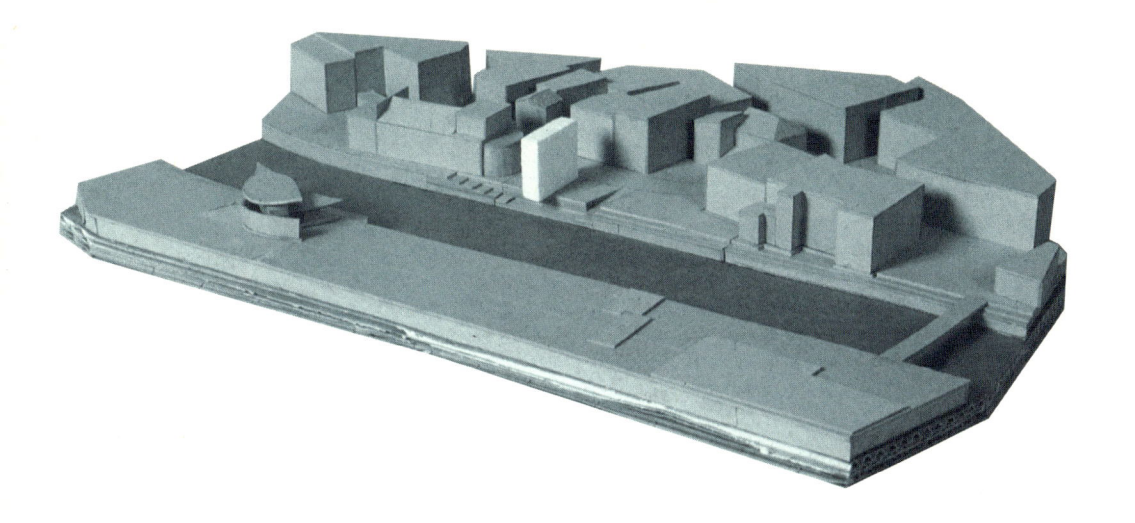

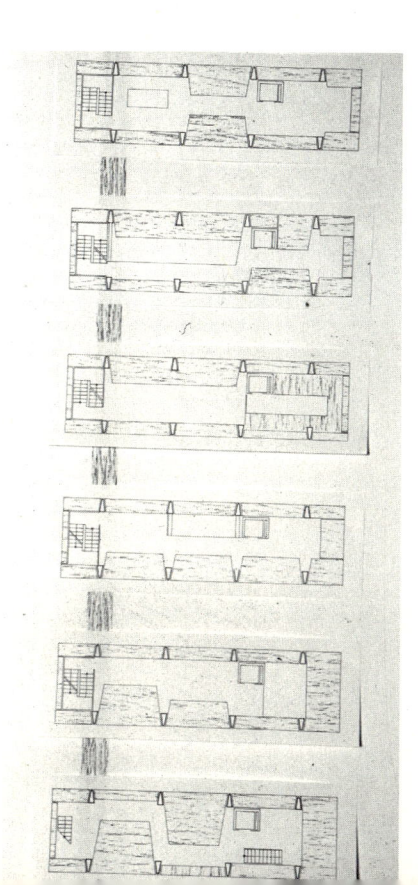

Alpenaquarium

Unaufhörlich stellt der rätselhafte Fluß Fragen. Das labyrinthische Aquarium will helfen, sie zu verstehen und neue Antworten zu geben. Zwischen Stadt und Fluß findet dieses gläserne Objekt seinen Platz.

"Der Raum ist die Projektion des Ich mit dem Ziel der Freiheit in das Reich der Notwendigkeit"

Weininger

Inselbibliothek

Über der Ufermauer der Insel schwebt eine kleine Bibliothek. Die freie Form des Baukörpers steht in spannungsvollem Verhältnis zum historischen Stadtkörper.

Urs Geiger Schweiz

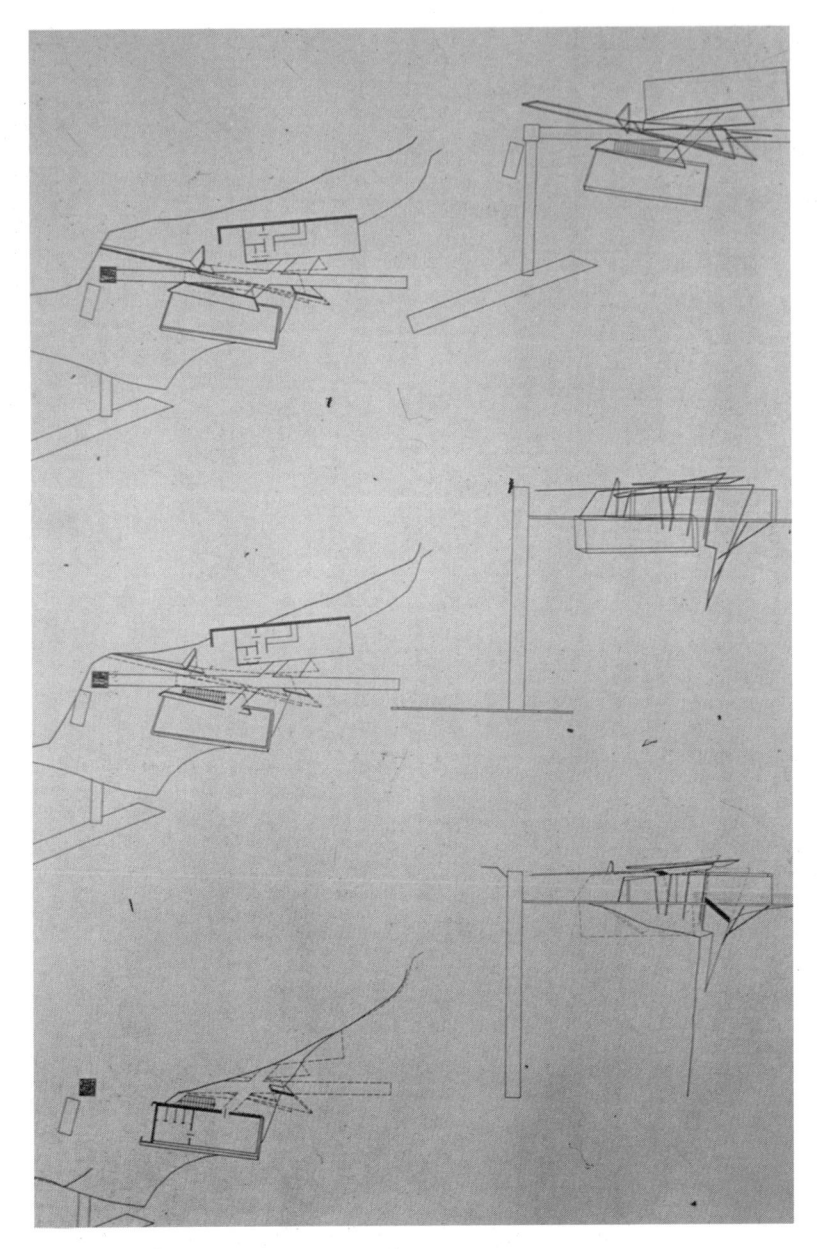

Bootsstation in der Salzachklamm

Die Wahl dieses Ortes zeigt die Vielfältigkeit des Erscheinungsbildes »Fluß«. Steg und Station fächern sich um die Achse des Bootsaufzugs im Fels.

Christoph Schiener Österreich

Vor der Schlußausstellung

Valery Kozlov, Wadim Schachov Rußland

Brückenhaus

Studie zu einem Brückenhaus, das Fluß und Insel überspannt und das Salinengebäude durchdringt.

Gebäudezug

Das langgestreckte Esslinger Bahnhofsgrundstück liegt zwischen Fluß und Straße. Zwei gewerblich genutzte Gebäude überbrücken die Geleise und markieren die Stadtkante.

Svenja Fleckenstein Deutschland

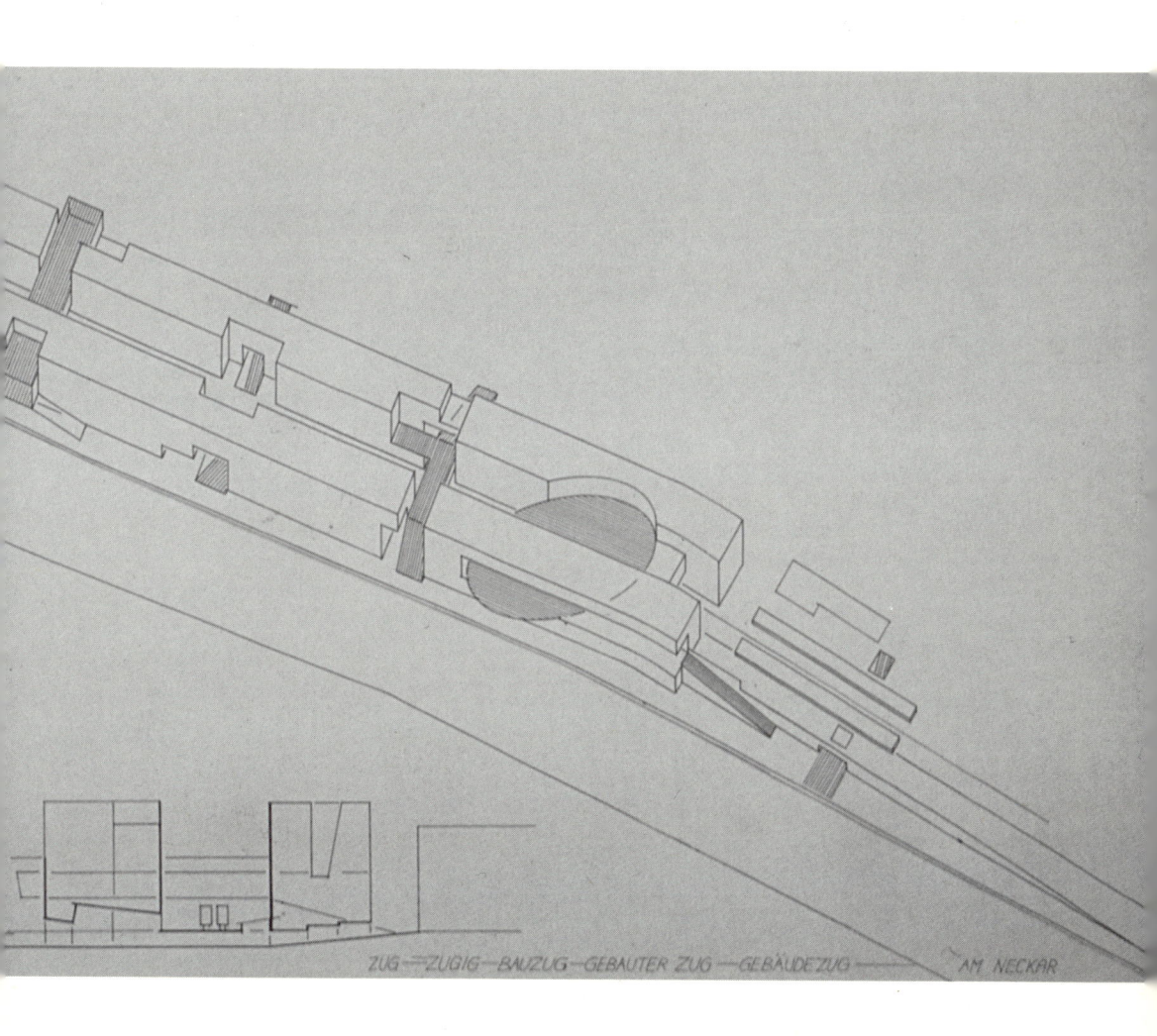

ZUG — ZUGIG — BAUZUG — GEBAUTER ZUG — GEBÄUDEZUG — AM NECKAR

Hafenkino

Leitthema der Entwerferin ist die Neudefinition des Ortes. Das Industriegebiet von Offenbach erhält am Ende der Bucht einen neuen Platz mit Hafenkino, die vorhandenen Speicherbauten werden zu neuen Wohnformen umgenutzt – ein Impuls zur Entwicklung eines neuen Stadtviertels.

Alexandra Holesch Deutschland

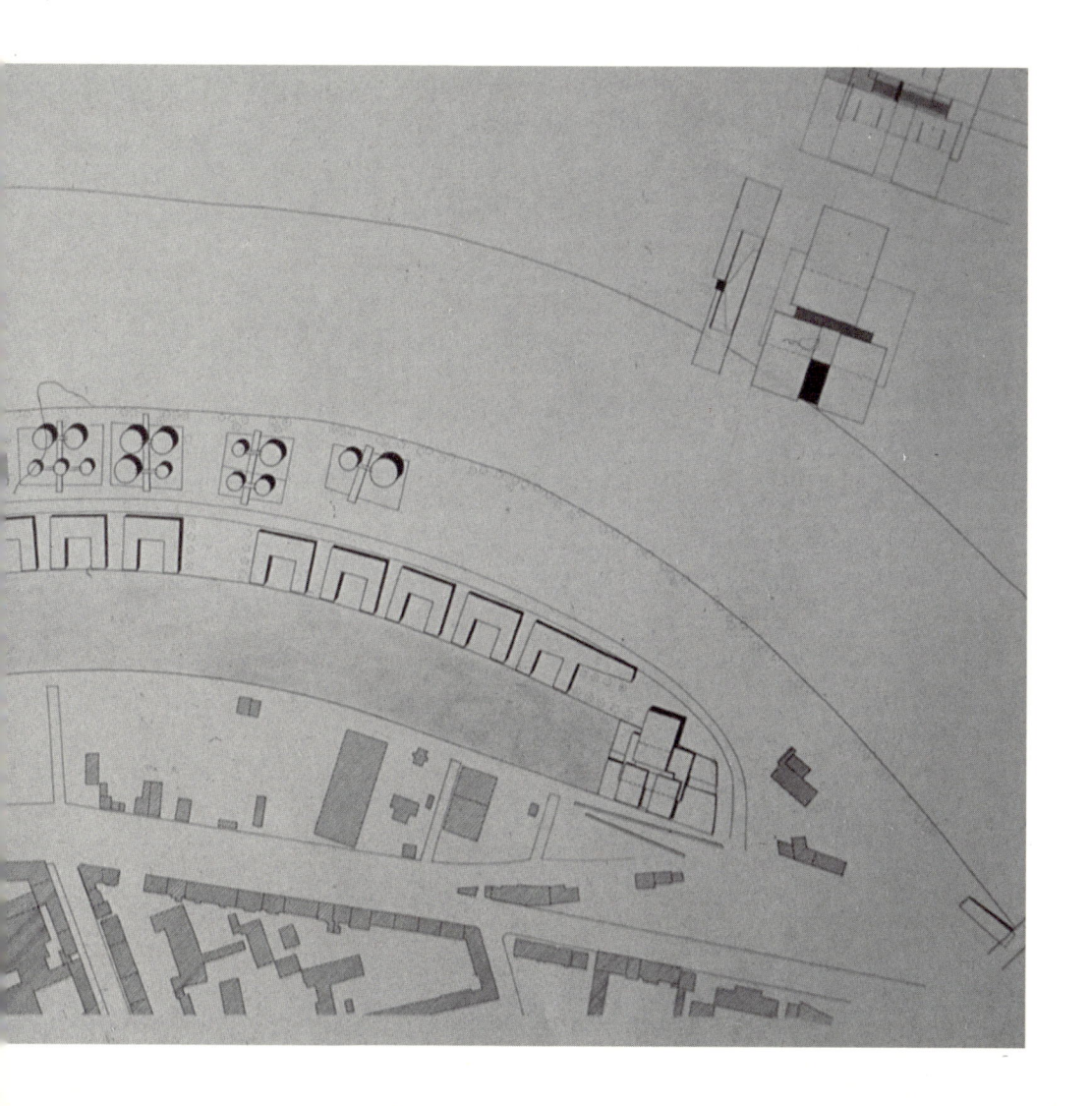

Kirche am Gletschersee

Altar und Lichtraum bilden die Mitte eines Pfarrzentrums am Ufer eines ehemaligen Gletschersees in der Schweiz. Der Bezug zum Wasser wird in der Anwesenheit des Abwesenden gesucht.

Bernhard Angehrn Schweiz

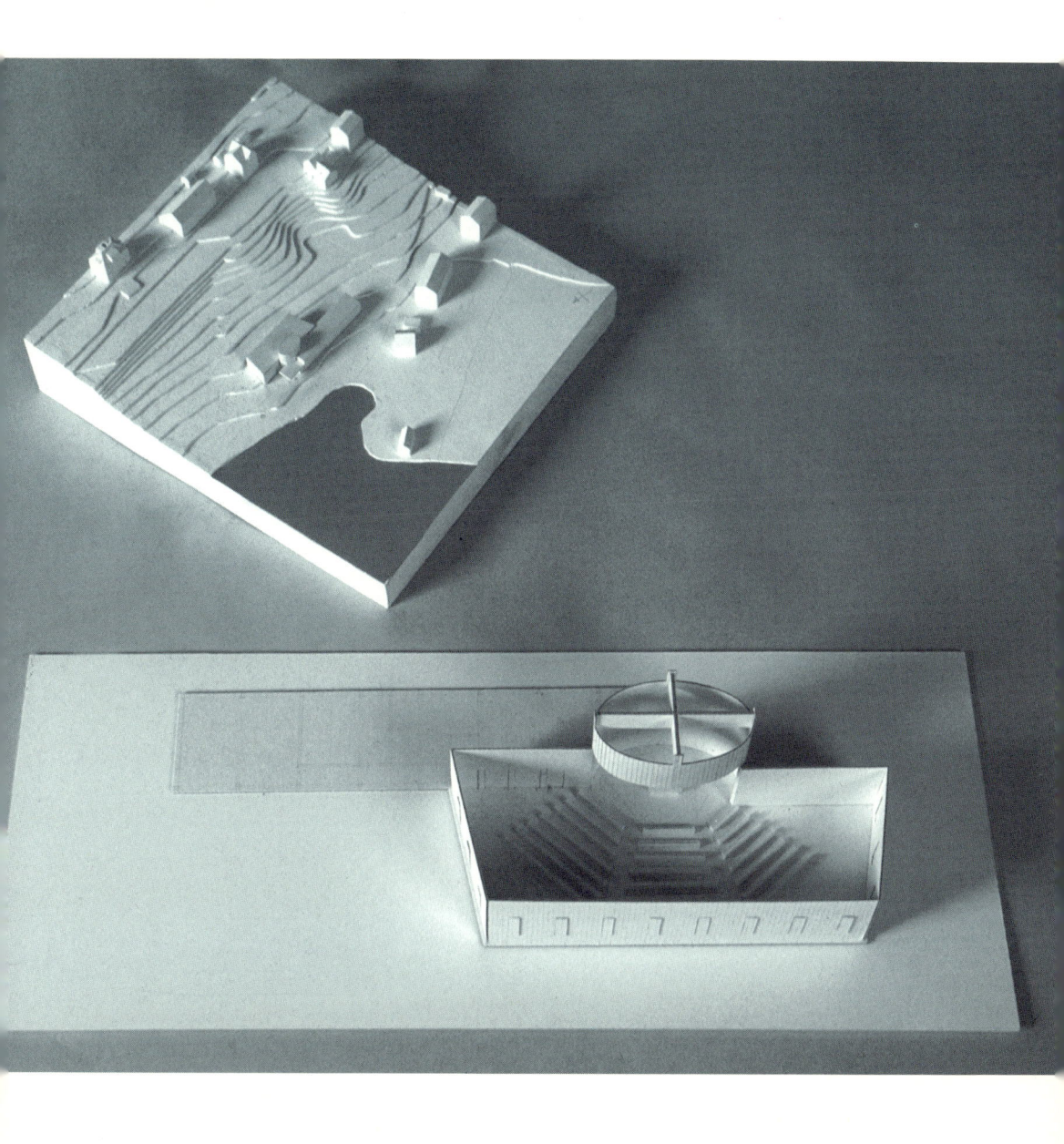

Marktbibliothek in Berlin

Für den Platz am Landwehrkanal in Berlin, wo früher Schinkels Bauakademie stand, ist das Gebäude entworfen; es füllt den Leerraum exakt. Spannend ist die Verbindung der Nutzungen Markthalle, Ringbibliothek und Dachgarten.

Phillip Dittrich Deutschland

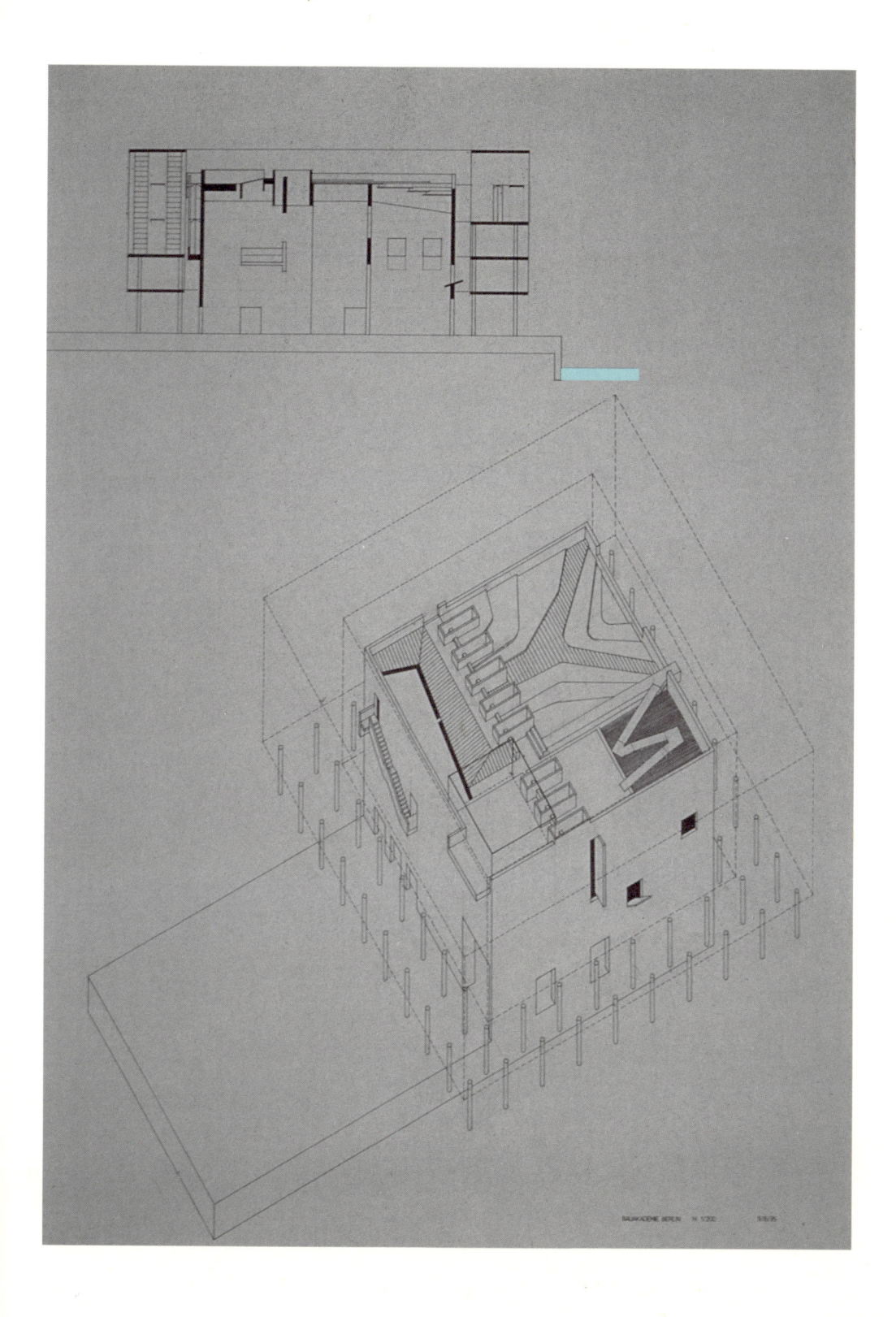

Klasse Architektur
24. Juli – 26. August
Alte Saline Hallein
Klassenleiter: Heinz Tesar
Mitarbeiter: Johannes Rössler
20 Studierende

Die Arbeit in der Klasse mit dem Thema »Stadt am Fluß« war methodisch in drei Stufen aufgebaut. Zu Beginn wurden Exkursionen unternommen, zum Kennenlernen des Ortes, seiner geographischen Lage und der architektonischen Struktur (Stadtführung, Salzbergwerk, Steinbruch Untersberg). Die erste Stufe endete mit einer freien Kohlezeichnung jedes Studenten und stellte visuell die Wahl des Inhaltes und des Standortes des jeweiligen Projektes dar. Die selbstgestellte Aufgabe wurde zunächst frei formuliert. Die Ergebnisse dieser ersten Stufe wurden in der Klasse mit den eingeladenen Studierenden des Steinbildhauersymposiums diskutiert und Vertretern der Stadt Hallein vorgestellt. Der zweite Arbeitsschritt bestand in

Schlußausstellung in der alten Saline

der Ausführung eines geometrisch gezeichneten Blattes, auf dem das gewählte Thema bildhaft formuliert und konkretisiert wurde. Die letzte Arbeitsphase schloß mit der Ausarbeitung eines Objektmodells sowie einer großformatigen Planzeichnung, in der Ort und Thema miteinander zum Projekt verwoben wurden. Zur Schluß-Review wurden die Münchner Architekten Heinz Hilmer und Christoph Sattler, Heinz Lang von Halle 1 aus Salzburg, Baudirektor Ditfried Kurz und Manfred Steinlechner von der Ortsbildungskommission Hallein eingeladen. Besuche von Vertretern des Denkmalamtes, der Baudirektion und der Ortsbildungskommission während der Arbeit erbrachten konkrete Informationen für die Vorgaben der Projekte. Zwei Vorträge von Vladimir Slapeta über Hans Scharoun und Heinz Tesar über eigene Bauten und Projekte bereicherten das Klassenprogramm.

Impressum

Herausgeber/Publisher:
Internationale Sommerakademie
für Bildende Kunst in Salzburg
Präsident:
Prof. Dr. Wieland Schmied
Geschäftsführerin:
Dr. Barbara Wally

Redaktion/Editor:
Johannes Rössler

Bildnachweis/Photocredits:
Urs Geiger: 33; Keltenmuseum Hallein: 10, 24; Peter Langemann, München: UMSCHLAG; Michael Mauracher, Salzburg: 7, 13 OBEN, 18 OBEN, 37; Pavlu, Wien: 17; Johannes Rössler, München: 3, 47; Herrmann Seidl, Salzburg: 11, 13, 15, 18 UNTEN, 19, 21, 23, 25, 27, 30, 31, 34, 35, 39, 41, 43, 45; Manfred Steinlechner, Hallein: 12, 14, 20, 22, 26, 36; Franz Wimmer, München: 16, 28, 29; Elisabeth Wörndl, Salzburg: 46.

Grafische Gestaltung/Layout:
Büro Langemann
Renate Gerwing

Druck/Printed by:
Salzburger Druckerei

© Heinz Tesar,
Internationale Sommerakademie
und bei den Autoren
Wien, München, Salzburg 1996

Verlag Anton Pustet
A-5020 Salzburg, Bergstraße 12
ISBN 3-7025-0343-9